Os direitos dessa obra foram doados para o Lar da Criança Emmanuel, de São Bernardo do Campo, SP, não recebendo a autora qualquer remuneração proveniente da sua venda.

TEM ESPÍRITOS no escuro?

Tatiana Benites

Mais visões bem-humoradas do espiritismo

© 2017 Tatiana Pacheco Benites

Editora Correio Jovem
Av. Humberto de Alencar Castelo Branco, 2955
CEP 09851-000 – São Bernardo do Campo – SP
Telefone: 11 4109-2939
correiojovem@correiofraterno.com.br
www.correiofraterno.com.br

Vinculada ao  www.laremmanuel.org.br

1ª edição – Março de 2017
Do 1° ao 3.000° exemplar

A reprodução parcial ou total desta obra, por qualquer meio, somente será permitida com a autorização por escrito da editora.
(Lei nº 9.610 de 19.02.1998)

Impresso no Brasil
Presita en Brazilo – Printed in Brazil

COORDENAÇÃO EDITORIAL
Cristian Fernandes

PREPARAÇÃO DE TEXTO
Eliana Haddad e Izabel Vitusso

CAPA E ILUSTRAÇÕES
Hamilton Dertonio

PROJETO GRÁFICO DE MIOLO
Bruno Tonel

CATALOGAÇÃO ELABORADA NA EDITORA

Benites, Tatiana Pacheco, 1979-
    Tem espíritos no escuro? / Tatiana Benites. – 1ª ed. –
São Bernardo do Campo, SP : Correio Jovem, 2017.
    104 p.

    ISBN 978-85-98563-94-7

    1. Espiritismo. 2. Mediunidade. 3. Evangelho. 4. Allan Kardec.
5. Evangelização espírita infantil. I. Título.

CDD 133.93

SUMÁRIO

Introdução 9

Conheça a Laurinha 13

A reza *braba* 17

Um amor na semente 21

Depende 25

Filmes de terror 29

Plantar e colher 33

Humildade e o dinheiro 37

Batidas na porta 41

Jesus esquecido 45

Espírito come? 49

Mundos diferentes 53

Bagagem de coração 57

Papai Noel e Jesus 61

A outra alface 65

Durma com os anjos 69

O carma 73

Espírito e espírita? 77

Uma palavra difícil 81

Evangelho no Lar 85

Venda de passe 89

Tem espíritos no escuro? 93

Introdução

Em 2016 completamos dez anos de histórias da Laurinha. As aventuras começaram a ser escritas para o jornal *Correio Fraterno* em 2006. Logo o espaço passou a se chamar "Coisas de Laurinha" e, ao somarmos 23 histórias, demos origem ao primeiro livro, *Tem espíritos no banheiro?*. Eu não imaginava que tantas pessoas se interessariam pelo projeto. Rapidinho vendemos dois mil exemplares e partimos para a reimpressão. Esse livro foi utilizado em muitos centros espíritas para o estudo com crianças, jovens e adultos, o que nos trouxe a felicidade de ver, inclusive, a encenação de duas peças teatrais, realizadas pelo grupo de jovens do Centro

Espírita Bezerra de Menezes e pelo Centro Espírita Seara Bendita, de São Paulo.

Após o sucesso do primeiro livro, chegou a vez do *Tem espíritos embaixo da cama?*, trazendo como novidade o *flipbook*, onde uma série de desenhos na ponta das páginas poderiam virar uma animação, se folheados rapidamente, revelando o mistério do que poderia estar embaixo da cama.

Em todos os livros da série, tive uma grande preocupação de unir o bom humor, o olhar de uma criança e os ensinamentos do espiritismo de forma didática para todas as idades. E este terceiro livro da série não poderia ser diferente. *Tem espíritos no escuro?* traz um tema recorrente para muitas crianças, jovens e até mesmo adultos, o medo do escuro. Muitos sentem verdadeiro pânico de ficar em lugares escuros.

Mas neste livro, muitos outros assuntos também são abordados. Inúmeros deles foram inspirados em perguntas feitas no contato com crianças e jovens na casa espírita: a importância da oração e da prática do Evangelho no Lar, a atração que filmes de terror acabam exercendo no público juvenil e muitos outros. Com isso, abordamos a questão da sintonia com padrões vibratórios nem sempre bons, de acordo com os nossos interesses, e também com o medo, temas que também abordamos em palestras junto às casas espíritas.

Espero que este livro possa levar luz para quem quer que o leia e que essa luz seja transmitida para toda a humanidade.

TATIANA BENITES

Conheça a Laurinha

Laurinha é uma menina de oito anos, pele morena clara, cabelos lisos e bem pretos. Tem uma origem indígena que foi mesclada ao longo de seus antepassados. É uma criança esperta, bem-humorada e que gosta muito de tudo que diz respeito a sua idade (brincadeiras, jogos, videogames, computador etc.).

Os pais de Laurinha são espíritas e frequentam o centro espírita perto da casa deles. Nas aulas de Evangelização Infantil, Laurinha aprende muito, além de ter inúmeros amigos e de fortalecer uma maneira de viver bem saudável junto aos pais, inspirados na simplicidade e na fé, valores diferenciados para uma criança da sua idade, orientados pela religião.

Laurinha é uma criança curiosa que não poupa esforços nem palavras para compreender o que estão lhe ensinando, por isso questiona tanto a professora do centro espírita e seus pais. Como toda criança, ela tem sua própria compreensão da realidade, mistura as ideias e acaba fazendo uma grande confusão.

A REZA *BRABA*

Laurinha está no centro espírita conversando com seus colegas e Lucas continua a contar sua história:

– Minha mãe disse que precisava fazer uma oração e...

Aninha interrompe e vai dizendo:

– Não é oração, é prece!

Empolgado e, querendo ouvir o resto da história, Bruno resolve logo:

– Ele disse oração, então é oração.

– Lá em casa também falamos oração – posiciona Sílvia.

– Minha tia fala que temos que fazer uma reza – salienta Laurinha.

– Para mim é tudo a mesma coisa – continua Lucas.

E Aninha retruca:

– É nada. Reza é reza, oração é oração e prece é prece.

E as crianças começam a discutir sobre o assunto, cada uma com sua opinião, quando chega a professora:

– O que está acontecendo que vocês estão tão agitados hoje?

Laurinha vai logo dando notícias:

– Estamos discutindo qual a diferença entre oração, prece e reza.

A professora se entusiasma, ao ver o motivo do burburinho, e responde:

– Ora, crianças, o importante é reservar um tempinho para elevar o pensamento e conversar com Deus, não é?

Todos dizem em uma só voz:

– Siiiimmmm!!!

– Então, não importa o nome que se dê para isso, o importante é fazer a reza, a oração ou a prece, que significa a mesma coisa, com o coração aberto, para que nossos amigos espirituais consigam nos auxiliar, ou auxiliar aqueles para quem dirigimos nossas boas intenções.

Então, Pedro levanta a mão e se manifesta:

– Mas, professora, lá em casa, quando a coisa fica feia, meu pai diz: "Vou ter que fazer uma reza *braba*!". Se é *braba,* não é boa?

– Ele quis dizer que é uma reza com fé e fort...

E antes de deixa-lo terminar, Laurinha faz questão de avisar:

– Professora, você já viu o tamanho do pai do Pedro? Se ele faz uma reza brava, não tem como não conseguir o que quer, porque até os espíritos vão ficar com medo dele.

Pedro olha para Laurinha e solta:

– Será que é por isso que ele sempre diz depois: "Reza *braba* sempre funciona!"

– Só de ver os braços fortes dele, todo plano espiritual deve sair correndo, dizendo: "Lá vem ele com a reza *braba*! Bora, ajudar logo!"

O poder da prece está no pensamento, que não depende de palavras, nem do lugar, nem do momento em que ela é feita.

TEM ESPÍRITOS NO ESCURO?

Um amor na semente

Laurinha está no centro espírita e a professora comenta:

– "Amar os nossos inimigos". Essa foi uma das tantas recomendações de Jesus. Alguém sabe o que significa?

As crianças ficam em silêncio, e a professora continua:

– Significa amar não só os nossos amigos.

– Ah, mas como alguém vai conseguir amar um inimigo? – pergunta Aninha.

– Quando falamos em amar os inimigos, não significa que precisamos amar como amamos nossos pais ou irmãos, por exemplo – responde a professora.

Tem espíritos no escuro?

– Então pode ser um amor pequenininho? – questiona Laurinha.

– Simplificando, o amor pode sim ter diversas intensidades. Amamos nossos pais diferentemente de como amamos nossos amigos, não é?

– Siiiimmmm – respondem as crianças.

– Mas amar um inimigo não dá, professora. Como vamos amar alguém que mata? – pondera Jorginho.

– Jorginho, o Evangelho de Jesus nos ensina que não precisamos amar o inimigo como amamos a quem queremos bem, basta não querer mal, não cultivar a raiva e o ódio por ele.

– Então esse é um amor diferente! – reflete Laurinha.

– Isso...

– Ok, já entendemos: o amor aos inimigos é como se fosse ainda um amor na semente, bem pequenininho, que nem sabemos quanto vai crescer – Laurinha complementa.

A professora sorri e responde:

– Sim, é isso mesmo, Laurinha.

– E quanto mais amamos as pessoas, mais a árvore pode crescer, não é? – pergunta Laurinha.

E as crianças começam a conversar entre si:

– Um amor de raiz...

– Um amor de folhinha...

– Ah, agora entendi, professora, por que falam de árvore de família – disse Laurinha

– Por quê, Laurinha?

– A gente representa a família na árvore, porque ela vem da semente do amor que ficou beeeeem grande.

– Isso mesmo!!

– É, mas tem uns galhos que ainda são bem tortinhos, né, professora?

DEPENDE

Laurinha resolve perguntar à evangelizadora no centro espírita:

— O que acontece quando uma pessoa morre?

— Depende — responde a professora.

— Por que depende?

— Depende de como a pessoa viveu, se ela se esforçava para ser melhor.

— Se ela era uma pessoa boa, o que acontece com ela?

— Ela receberá ajuda dos espíritos bons que estarão ao seu lado.

— E se for uma criança?

— Depende também. O que importa é a sua evolução. O espírito que dá vida ao corpo de uma criança pode até ser mais evoluído que de um adulto.

– E se for um idoso?

– Também vai depender de seu progresso como espírito.

– E se for professora?

– Vai depender de seu progresso espiritual, em outras e nesta vida.

– Se for uma pessoa...

A evangelizadora interrompe, pois sabe que a história não terá fim.

– Laurinha. Fomos criados por Deus todos iguais, mas cada um escolhe o seu caminho na vida e responde pelos seus atos. Por isso, precisamos nos esforçar para sermos pessoas boas, voltadas para o bem, valorizando a vida e tudo o que temos de bom. Você é uma pessoa boa, Laurinha?

– Depende – reponde Laurinha com ar de sapeca.

– Mas, depende do quê?

– Da opinião da minha mãe, do meu pai e da versão que os espíritos vão querer ouvir. Se ouvirem a do meus pais, talvez eu não seja lá tão boa, porque nem sempre lavo a louça ou faço a lição.

– Entendi.

– Mas, se eles ouvirem a minha versão, vão ver que ser boa ou não depende da minha vontade, depende da brincadeira, depende do momento... e ...

– Laurinha, não é bem assim. Você não está falando sério...

– Estou sim, mas já que tudo depende... DEPENDE também de como você vai entender isso que eu estou falando agora.

FILMES DE TERROR

As crianças estão conversando e Pedro sugere:
– Vamos assistir a um filme lá em casa?
– Oba! – respondem todos.
– Mas a gente vai de quê, hoje? – já se adianta Jorginho.
– Podemos assistir a um de terror.
– Que legal!
Mas Clara logo interfere:
– Só se for de dia, porque tenho medo de filmes assim de noite.
– Tem medo? – pergunta Jorginho, sendo já interrompido:
– Tenho todos esses filmes, diz Pedro, mostrando os filmes.

Laurinha pega um deles e sugere:

– Vamos ver esse, que é engraçado.

Jorginho insiste no de terror e cada um acaba puxando um filme de sua preferência da caixa. Começam então a fazer uma votação, quando a mãe de Pedro chega com suco e pipoca para todos.

– Eu não quero ver esse filme, porque tenho medo do escuro – insiste Clara.

– Medo de escuro ou filme de terror? – diz Jorginho, sem entender.

Ouvindo, a mãe de Pedro intervém:

– O medo é uma resposta natural a determinadas situações, uma defesa, por exemplo, quando entendemos que corremos algum perigo. No caso do filme, há sim pessoas mais sensíveis, como é o caso da Clarinha. Já comentei da outra vez com vocês. Dependendo de nossos sentimentos, baixamos a sintonia em que vibramos. De felizes, passamos a ficar tristes, com medo.

– Tia, tenho medo, porque sempre penso que tem espíritos no escuro.

A mãe de Pedro continua sua explicação:

– Os espíritos estão em todo lugar, no claro e no escuro, Clarinha. Mas se estamos bem, ligados às coisas boas, só vamos nos conectar com espíritos bons. Vocês já aprenderam sobre isso, lembram? – diz a mãe de Pedro, antenada no que as crianças vinham estudando nas aulas no centro espírita.

– Entendi – diz Clara.

– Então podemos ver esse filme de terror – apressa-se Pedro.

– Por que vocês não assistem a um filme para dar boas risadas? A alegria e a descontração são excelentes para melhorar a nossa energia. Vai deixar todo mundo em alto-astral! – sugere a mãe.

– Pode ser – diz Pedro ainda com dúvida.

– Assim ninguém fica com medo.

– Já entendemos, tia – diz Laurinha. – Vamos assistir a esse que eu escolhi, que é para rir.

– Pode ser – diz Pedro.

Laurinha sorri e diz:

– Obrigada, tia! Agora entendi por que minha avó falava que "rir é o melhor remédio".

– Isso mesmo.

E Laurinha dá o filme na mão de Pedro e completa:

– Vamos assistir ao remédio!

PLANTAR E COLHER

– Mãe, todo adulto tem que saber mexer na terra e plantar?

– Mas por que essa pergunta agora?

– É que estou com essa dúvida.

– Você quer dizer lidar com a natureza?

– É que sempre falam que temos que tomar cuidado com o que plantamos, porque depois vamos colher os frutos.

– Ah, agora entendi. É sim, filha. Dizemos que colhemos o que plantamos no decorrer da vida.

– Como assim?

– Quer dizer que temos que ter consciência do que fazemos, observar que semente plantamos no coração das pessoas, quais as nossas ações, que devem sempre ser boas. Isso é o que simboliza o bem 'plantar'.

– Ahhhhh! – Exclamou Laurinha, começando a entender.

– Para colhermos coisas boas também, isso é 'colher os frutos'. Porque quando fazemos algo bom para alguém, também recebemos coisas boas. É a lei da vida!

– Ahhhhh! Por que os adultos complicam tanto?

– Você achou difícil?

– Claro! Tinha plantado um monte de feijão no algodão e estava aqui pensando como colher tudo isso quando eu crescer, se eles vivem tão pouco. Por isso perguntei se precisava mexer na terra, porque os que eu plantei do vaso até agora não cresceram.

– Como assim, plantou na terra. Que terra?

– No seu vaso da sala.

Logo imaginando a sujeira, a mãe da Laurinha faz cara feia e pergunta:

– Você sujou alguma coisa, Laurinha?

– Mãe, não se preocupe, tudo que eu plantei foi coisa boa, vamos colher os frutos depois, quer dizer... Feijão. Feijão não é fruta, né mãe?

HUMILDADE E O DINHEIRO

Laurinha pergunta a seu pai:
– Pai, por que a gente trabalha tanto quando cresce?
– Para ganhar dinheiro para comprar as coisas em casa, para poder comer e pagar as contas...
– Você gosta de trabalhar?
– Eu gosto, porque eu faço o que me deixa feliz.
– E por que tem gente que só reclama de trabalhar?
– Talvez porque não trabalhe com o que goste.
– Uai, mas por que é que continua, se não gosta?
– Às vezes é porque não arrumou coisa melhor.

O trabalho e uma lei da Natureza, por isso mesmo, é uma necessidade. O progresso vem do trabalho, porque ele coloca em movimento as forças da nossa inteligência.

– Eu não consigo entender. A gente tem que estudar tanto para se preparar para uma profissão, pra depois chegar lá na frente e correr o risco de não gostar.

– Laurinha, mas a vida traz muitas chances de a gente experimentar e ver do que gosta! E de também se desafiar e correr atrás do que quer

– É a gente que escolhe onde quer trabalhar?

– Muitas vezes procuramos o lugar, nos cadastramos, conversamos. Depois a empresa decide se somos a pessoa que procuram para aquela função.

– Não entendo por que temos que trabalhar tanto, se aprendemos que temos que ser humildes.

– O que está te incomodando, filha?

– Estava fazendo as contas e terei que estudar ainda mais dez anos para trabalhar em algum lugar. E se eu não gostar do trabalho, vou achar muita maldade.

– É só saber do que gosta de fazer, trabalhar com amor e isso lhe trará alegria e satisfação.

– Pensando bem, acho que ser adulto dá trabalho.

– Sim, mas é também muito prazeroso, Laurinha. Olhar para trás e ver o que já aprendemos, o quanto construímos na vida, é muito gratificante. Você vai saber melhor quando crescer.

– Pai, mas humildade não significa viver com menos dinheiro?

– Não, filha. Ser humilde é sentir-se igual aos outros, nem melhor nem pior, e também reconhecer em si o que precisa ser melhorado.

– Posso ser humilde e rica?

– Sim, claro!

A mãe de Laurinha, que só ouvia a conversa, diz:

– Mas para ganhar dinheiro e ficar rica é preciso estudar. Vamos, Laurinha! Você tem trabalhos e lição para fazer!

Laurinha resmunga:

– Poxa, mãe, estamos falando de humildade!

– Eu também... Reconhecer o que precisa melhorar!!!

– Mãe, eu falei HUMILDADE e não Ô, MALDADE!!!

Laurinha se levanta e vê que precisa mesmo é fazer o dever.

Batidas na porta

Laurinha conversa com seu pai:

– Você sabia que os espíritos começaram a se comunicar por batidas na parede? Isso deve fazer muuuuito tempo!

– Sim, sabia. Onde você aprendeu isso?

– Aprendi na aula de evangelização infantil.

– Muito bom, você saber disso.

– Agora eu sei que eles batiam na parede para as irmãs Fox ouvirem. E elas eram muito novinhas. Você sabia?

– Sim, essa história é muito interessante...

Laurinha queria contar tudo o que sabia e interrompeu seu pai, dizendo:

– Daí, pai, eles inventaram um código com as

Há cerca de 150 anos, começaram a acontecer alguns fenômenos na casa da família Fox, num vilarejo de Nova Iorque. Os espíritos queriam chamar a atenção para o fato que existia vida após a morte.

batidas. Faziam perguntas e os espíritos respondiam sim ou não.

– Depois eles...

E Laurinha interrompeu seu pai novamente:

– Eu sei, eu sei! Elas contaram para os pais, que começaram a perguntar e a ter respostas também. Depois, pai, combinaram batidas diferentes para cada letra e começaram a formar palavras. Isso demorava um tempão. Vinha gente de muitos lugares para verificar, até descobrirem que era verdade mesmo e que um poderia ajudar o outro.

– Isso mesmo! Parabéns. Aprendeu direitinho.

– É pai, e isso começou a acontecer em várias partes do mundo e muito mais pessoas começaram a ir atrás para entender. Isso foi legal para o espiritismo, né?

– Foi sim. Despertou para que as pessoas soubessem que existe vida depois da morte. Tudo começou assim, pelos fenômenos, Laurinha.

– As batidas dos espíritos, não é?

– Sim, as batidas.

– Então posso chamar a dona Mirtes de espírito! – explica Laurinha reflexiva.

– Por quê? – pergunta o pai intrigado.

– Porque ela sempre bate *na* porta. Nunca toca a campainha!

– Laurinha!!! – manifesta-se o pai, com cara de bravo.

– Espírito encarnado, pai!

JESUS ESQUECIDO

As crianças conversam antes da aula e Pedro pergunta:

– Jorginho, você lembrou que tinha que trazer o material da aula de hoje?

– Lembrei sim – respondeu ele.

– Parece que as meninas não trouxeram – afirmou Pedro.

– Elas sempre se lembram de trazer os livros.

Então, Jorginho pergunta para Aninha:

– Ana, você trouxe os materiais para a aula de hoje?

– Eu trouxe, a Laurinha que esqueceu – responde Aninha.

– Laurinha, por que você esqueceu do

Diante de muitas pessoas, Jesus perguntou certa vez: "Quem é minha mãe, e quem são meus irmãos". E apontando para a plateia continuou: "Eis aqui minha mãe e meus irmãos; pois, todo aquele que faz a vontade de Deus, esse é meu irmão, minha irmã e minha mãe." O que Jesus quis dizer é que todo aquele que faz a vontade do Pai é seu irmão, sua irmã e sua mãe, considerando a diferença entre família espiritual dos familiares consanguíneos.

material hoje? Você sempre traz tudo! – questiona Jorginho.

– Eu estava brincando e saí correndo de casa, por isso esqueci de pegar.

– E como você vai fazer? – pergunta Pedro.

– Não sei, vamos ver o que a professora vai falar.

A professora entra na sala de aula e pergunta se todos trouxeram o material solicitado por ela e Laurinha diz:

– Eu não trouxe, professora.

– Você se esqueceu que hoje faremos o exercício sobre Jesus? – indaga a professora.

– Eu me esqueci.

Laurinha abaixa a cabeça e começa a pensar em uma solução para não ficar tão mal diante de todos e diz:

– Todo mundo sempre esquece de alguma coisa, não é professora?

– Algumas vezes, sim, Laurinha.

– Até Jesus se esquecia das coisas... – inicia Laurinha sua estratégia, toda sapeca.

– Jesus sempre se lembrava das coisas, Laurinha, como um espírito equilibrado e centrado que era – elucida a professora.

– Não! Você mesma explicou para nós que teve uma vez que ele se esqueceu até da família!

– Eu falei?

– Falou sim. Está escrito no Evangelho, eu não lembro o que tinha acontecido, mas ele disse: "Quem é minha mãe e quem são meus irmãos?" Esquecidinho, ele, não professora???

Espírito come?

Laurinha chega da casa espírita toda empolgada e seus pais perguntam o que ela aprendeu naquele dia.

– Aprendi como os espíritos vivem no plano espiritual – responde.

– E como eles vivem? – pergunta sua mãe, curiosa para ver o seu raciocínio.

– Depende. Se ele foi bonzinho, não fez maldade com as pessoas quando estava na Terra, vive feliz, de bem com sua consciência, num lugar bom.

– Muito bem – elogia seu pai.

Laurinha se sente motivada e continua explicando.

– E quando a pessoa não é boa, não vai chegar bem no plano espiritual. E vai ficar junto de quem não foi bom também.

– Nossa, Laurinha, quanta coisa você aprendeu! Parabéns – incentiva a mãe.

Empolgada com a evolução da conversa, ela segue:

– Só faltou mesmo entender uma coisa: Espírito come?

– Não come exatamente como comemos aqui, porque não sentem a necessidade do corpo físico. Por que pergunta isso? – interroga o pai.

– Porque aprendi hoje que tem espírito que... ai, vou falar... vomita. Mas sem comer, pai?

– Como é isso, Laurinha?

– É sim, pai.

– Não, Laurinha, será que você não se confundiu?

– É verdade. A professora falou que os espíritos podem ir de um lugar para outro, andar tudinho lá no plano espiritual, mas para isso eles têm que vomitar! Só não entendi por quê!

– VOLITAR, Laurinha! VOLITAR... Se deslocar do chão, como num voo, pela ação do seu pensamento.

– Ufa. Beeeeem melhor assim!

Mundos Diferentes

A professora iniciava a explicação sobre a existência de vida em outros planetas e, enquanto pegava o material para continuar, os alunos rapidamente se movimentaram e iniciaram uma conversava em roda.

– Uma vez eu sonhei que estava num lugar muito diferente – disse Laurinha.

– Todo mundo já sonhou que estava num lugar diferente. Eu já sonhei que estava numa floresta – retruca Jorginho.

– Eu já sonhei que estava no espaço – emenda Pedro.

– Mas eu estava falando de um lugar muuuuuito diferente, nem sei se num outro

Os diversos mundos são muito diferentes uns dos outros, uns mais adiantados, outros menos. Há os que são inferiores à Terra. Outros estão no mesmo grau, e outros ainda são superiores, em todos os sentidos.

mundo – argumenta Laurinha.

A professora pede silêncio.

– Vamos voltar aos seus lugares para continuar.

– Professora, os outros mundos são muito diferentes? – questiona Aninha.

– Podem ser, sim, Aninha. A matéria é uma só para todo o Universo, mas ela pode aparecer de muitas formas diferentes, que nem conhecemos – explica calmamente a professora.

– Quando a gente sonha que está num lugar muito diferente de tudo que nós vimos pode ser um mundo diferente? – pergunta Laurinha.

– Talvez.

– Então eu já fui para outro mundo enquanto sonhava – argumenta Laurinha bem incisiva.

– Sério? Conte para nós como é esse lugar – estimula a educadora.

– É um mundo de delícias. Tudo lá é de chocolate, as casas, os carros as plantas e até os animais...

A professora interrompe:

– Não, Laurinha, quando digo mundos diferentes, não estou falando de mundos de fantasia. Mundo de chocolate não passa de invenção dos homens aqui na Terra.

– Viu, Laurinha, como não é outro mundo? – diz Jorginho com cara de sabido.

– Pois para mim é. E vou torcer para sonhar com esse lugar de novo e comer mais e mais daquelas gostosuras. E ninguém vai implicar e me mandar comer outra coisa saudááááável, porque lá só vai ter isso. Delícia!!! Ainda bem que sonho não engorda.

BAGAGEM DE CORAÇÃO

A professora explicava sobre o apego aos bens na Terra e as crianças da evangelização prestavam atenção, quando Pedro levantou a mão:

– Professora, quando a gente cresce, não tem que trabalhar pra ser rico?

– Pedro, não trabalhamos para sermos ricos, mas para nos realizarmos, crescermos, para sermos felizes.

Aninha considera:

– Mas quem não tem dinheiro também não é feliz!

– O dinheiro é muito valorizado na Terra. Mas quando desencarnamos, não levamos nenhuma riqueza para o plano espiritual.

Nós só possuímos aquilo que poderemos levar deste mundo, o que está em sua alma: a inteligência, os conhecimentos, as qualidades morais. Isso ninguém poderá nos tirar.

Retornarmos ao plano espiritual, deixando na Terra o corpo físico.

Laurinha entra na conversa:

– É porque não dá para o espírito pegar!

– Rindo, a professora orienta: Sim, Laurinha! O espírito não vai pegar o dinheiro, porque não há valor para ele no plano espiritual. E porque não se encontra mais no plano da matéria. Mas o mais importante para nós é acumularmos riquezas no coração.

– Vixiiiii! Agora tem operação para fazer coração de ouro? – comenta Jorginho.

Toda a sala começa a rir fazendo com que a professora retome a ordem entre eles.

– Quis dizer que a maior riqueza que temos são as nossas virtudes e que...

– O que é virtude? – pergunta Aninha.

– É a nossa disposição para praticar o bem. E são tantas as virtudes! A paciência, a cordialidade, a caridade, a coragem. Com elas, somos pessoas melhores, trazendo coisas boas ao próximo e a nós mesmos. O que vocês fazem de bom para vocês e para os outros?

– Recolho o lixo e reciclo! – gritou Jorginho.

– Eu tomo banho rápido – disse Pedro.

– Eu ajudo minha avó – apressou-se Aninha.

– Eu beijo e abraço meu cachorro – disse Laurinha.

Novamente a agitação toma conta da sala, com todos comentando que abraçar o cachorro não era exemplo de virtude.

– Como não, orienta a professora! Isso é afeto, amor. Demonstração de carinho para com os outros, sejam pessoas ou animais. Demonstra que Laurinha tem coração bom. E tudo que é bom volta para nós também. Os alunos começam a falar o que também fazem para demonstrar que são carinhosos em casa, com os pais, amigos e avós.

– Isso é a riqueza do coração! A única que levamos conosco. As que fazem nos sentirmos bem. Nossos mentores saberão que temos uma bagagem muito boa para carregar. Entenderam?

– Siiiimmmm! – respondem as crianças.

Laurinha então completa em voz alta:

– Se não podemos levar coisas materiais, só quero ver meu mentor carregando minha bagagem de coisas boas!

– Laurinha, não são bagagens como as de viagem.

Laurinha sorri e pisca para professora dizendo:

– Professora, não se preocupe, todas as minhas malas são de coração!

PAPAI NOEL E JESUS

Laurinha pergunta para mãe:
– Mãe, quando você era pequena existia Papai Noel?
– Existia.
– E como ele era?
– Como é hoje.
– Impossível.
– Por que, impossível?
– Porque hoje ele é um velhinho que usa roupas vermelhas.
– E antes também era assim.
– Mãe, não dá pra ser. Porque então o Papai Noel seria muuuuuuito mais velhinho.
– Mas Papai Noel é assim mesmo; ele existe

há muuuuito tempo, lá no Polo Norte.

– Onde fica o Polo Norte?

– No norte do globo terrestre!

– Ah! Eu vi num livro de mapas. O Norte fica pra cima. Se o Norte fica pra cima... Papai Noel pode morar no céu?

– Não, Laurinha. É norte do nosso planeta, lá onde tem muita neve.

– Ah, entendi. – Laurinha faz uma pausa, pensa e pergunta:

– Mãe, Papai Noel existe mesmo?

– Essa história vem desde muito tempo. O Papai Noel que vemos hoje é só uma representação da bondade de um senhor que se chamava Nicolau e gostava de presentear as pessoas.

– No Natal, a gente comemora o aniversário de Jesus, não é?

– É sim, filha!

– Jesus e Papai Noel são amigos?

– Ué, Laurinha, Jesus é amigo de todos...

Antes que sua mãe terminasse a frase, Laurinha respondeu:

– Já sei, já sei, Jesus é quem fala para o Papai Noel se a gente se comportou o ano inteiro pra merecer presente ou não.

– Não foi bem isso que eu quis dizer, mas...

– Eu entendi. Vou rezar direitinho até o Natal pra ficar beeeeem amiga dele. Mas, sabe, pensando melhor, ter um amigo como este já é um presentão, né mãe?

A OUTRA ALFACE

Laurinha está brincando na casa de sua vizinha, Maria, quando sua mãe vai chamá-la para almoçar. Chegando em casa, Laurinha corre para o banheiro e lava as mãos, antes de sentar-se à mesa, perguntando em seguida:

– Mãe, o que você fez de gostoso hoje?

– Salada de alface, tomate, cebola e cenoura.

– E de comida quente?

– Arroz, feijão, omelete e abobrinha refogada.

– Ebaaaa! Adoro omelete!

– E, de sobremesa, temos gelatina de morango.

– Huuuum! – expressa-se o pai.

– Quero omelete, arroz e feijão! – diz Laurinha expansiva.

– Não, não! – diz o pai. – Vamos colocar um pouquinho de cada coisa no prato.

Enquanto Laurinha faz bico, a mãe interrompe...

– O prato precisa ser sempre bem colorido para ter os nutrientes que fazem você crescer forte e com saúde.

Laurinha baixa a cabeça e responde:

– Está bem. Eu como tudo, mas só um pouquinho.

– Só um pouquinho, mas tem que comer – enfatiza a mãe.

– Tem que comer até a alface? – tenta Laurinha, com cara de drama.

– Claro, é importante comer verduras – diz o pai com entonação.

– Já sei. Temos que comer alface, porque está no Evangelho.

– No Evangelho? – pergunta a mãe espantada.

– É, a mãe da Aninha outro dia disse que estava lendo no Evangelho a parte que fala da "outra alface".

– É "a outra FACE", Laurinha. É uma frase dita por Jesus, que ensina a se encarar as agressões sem a violência. Não responder a agressividade com a agressividade.

– Ahhhhh booooooom!!!

DURMA COM OS ANJOS

Na casa de Laurinha, a mãe dá início ao Evangelho no Lar e explica que todos nós temos espíritos protetores, que nos acompanham desde o nosso nascimento.

Laurinha ouve com atenção e pergunta:

– Mãe, afinal, eles são ou não são anjos?

– São espíritos superiores, Laurinha, que estão sempre nos auxiliando e torcendo por nós. Nós os chamamos de nossos mentores, ou nosso anjo guardião.

– Ah! Por isso que todo mundo fala: "Durma com os anjos"?

– Isso mesmo. Não deixa de ser um pedido para que se tenha o sono guardado pelos bons espíritos, um sono muito bom.

– Entendi.

– E eles podem estar conosco não só durante o sono, mas principalmente nos momentos difíceis, dando consolo, bons conselhos... – explica a mãe.

Terminado o Evangelho no Lar, o pai lembra que já é hora de criança ir para a cama:

– Amanhã você precisa levantar cedo – ele lembra.

– Está bem – conclui Laurinha, levantando-se e indo para o quarto se preparar para dormir.

Não demora e a mãe vai até lá dar o beijo de boa noite, dizendo o de costume:

– Durma com os anjos!

– Hiiii, mãe, não vai dar! Já tem a Maga, o Dinho, o Dengoso, o Fred, meus amigos ursos hoje chegaram primeiro. Não vai caber todo mundo!

O CARMA

A professora pede para os alunos fazer uma pesquisa sobre que é carma e explica:

– Tragam por escrito, em poucas palavras, na próxima aula.

Os alunos saem empolgados e comentando:

– Eu vou perguntar para minha mãe – diz Pedro.

– Eu vou perguntar para o meu avô – diz Aninha.

– Vou falar com a minha tia, ela vive dizendo que tudo é carma e eu nunca sei o que é isso – diz Jorginho.

– Vou falar com os meus pais – diz Laurinha.

– Eu vou ver na internet, lá tem tudo que

eu preciso, aposto que tem até o que é carma – comenta Rita, que é mais velha e adora computador.

Todos vão para suas casas com a lição para fazer.

Laurinha chega em casa e pergunta aos seus pais:

– Preciso fazer uma pesquisa sobre carma e escrever em poucas palavras o que isso significa. Vocês podem me ajudar?

– Carmas são as nossas experiências da vida, as dificuldades, Laurinha, que vão surgindo, quase sempre ligadas às nossas vidas passadas. No centro chamamos de expiações ou lei de causa e efeito. Elas nos levam a aprender e a progredir.

– Vixe! Não entendi nada. Quem espia, mãe?

O pai de Laurinha, que é mais paciente, resolve explicar à filha:

– Essa expiação não é a de olhar, que é com "s". Essa é com "x" e significa reparar uma falta.

– Ah, é por isso que dizem: "pagar por esse erro, nem que seja em outra vida", não é? – pergunta Laurinha.

– Pagar, não, Laurinha. As expiações apagam as faltas, por nos ajudar em nossa melhora, a crescer em sentimentos. Mas isso não é um castigo, senão Deus não seria bom, nem justo.

– Ah, tá! É uma forma de aviso pra gente não fazer mais aquilo...

– Isso é carma? Entendi, mas essa explicação ainda está muito grande. A professora disse que

Os sofrimentos que vêm em consequências dos nossos erros são uma advertência de que andamos mal. Isso nos dará experiência e nos fará compreender a diferença entre o bem e o mal.

queria uma explicação com poucas palavras.
Laurinha pensou, pensou e disse:
– Já sei! – E começou a escrever no papel.
Sua mãe muito interessada disse:
– Deixe-me ver o que você escreveu, Laurinha.
E ela pegou o papel que estava escrito:
"CARMA é como se fala CALMA no interior".

ESPÍRITO E ESPÍRITA?

As crianças estavam reunidas na casa espírita e conversavam:

– Gustavo comentava que viu um fantasma no quarto quando foi dormir. Dizia que teve muito medo e se escondeu debaixo das cobertas.

– Fantasma? – perguntou Pedro.

– É, fantasma.

– É espírito, não fantasma. Fantasmas não existem! – disse Pedro.

– É tudo a mesma coisa. Você entendeu o que eu disse!

– Está bem, mas tem que falar certo; é espírito.

Num burburinho, e em roda, as meninas também comentavam sobre o acontecido:

– Se ele viu um espírito é porque ele é médium – argumenta Aninha.

– Isso não tem nada a ver. Ele viu espírito porque o espírito apareceu – retruca Laurinha.

– E agora ele está com medo – emenda Paula.

– Ele viu direitinho. Disse que era uma mulher – comentou Aninha.

– Então não era um espírito, era uma espírita! – diz Paula, toda confusa.

– Nãããão, nós somos espíritas, por sermos mulheres – diz Laurinha.

– Sim, porque somos meninas – endossa Paula.

– Não, somos espíritas porque estamos no espiritismo – Aninha tenta esclarecer.

– Então, como falamos quando o espírito é mulher? – indaga Paula.

– Espírito de mulher! – responde Laurinha.

Vendo o agito da meninada, a professora, que entrara há pouco na sala, interagiu:

– Muito bem. Vejo que estão animados hoje... e...

– Professora, está sabendo que o Gustavo viu um espírito? – Pedro entrega logo a novidade.

– De mulher – emenda rapidamente Laurinha.

– Uma espírita – comenta Paula.

– Ah, é? Mas vamos lá. Espírito e espírita são coisas diferentes. Alguém sabe me explicar a diferença?

Laurinha levanta a mão e diz:
– Claro! É muito simples, um termina com
"O" e o outro termina com "A".

• Espíritos são os seres inteligentes da Criação.
• Já os adeptos do espiritismo são chamados de espíritas, ou espiritistas.

Uma palavra difícil

A professora está explicando como funciona a mediunidade, o contato do médium e dos espíritos. Os alunos estão muito atentos.

– Os espíritos estão por toda parte e podem se comunicar com a gente, aqui do plano material, através dos médiuns.

– Os médiuns podem ver e falar com os espíritos? – pergunta logo Jorginho.

– Depende da mediunidade, Jorginho. Alguns médiuns podem ver os espíritos, outros podem ouvi-los, ou escrever mensagens que eles queiram transmitir.

– Qualquer um tem mediunidade, professora? – pergunta Laurinha.

– No sentido amplo, todos nós somos médiuns, porque influenciamos e somos influenciados pelos espíritos, através da sintonia do pensamento. Mas há pessoas que possuem essa capacidade muito maior. Por isso, podem se comunicar com os espíritos com muito mais facilidade.

– Eu só não consigo entender uma coisa. Por que as palavras precisam ser tão difíceis no espiritismo – diz Pedrinho.

– Mas médium, mediunidade não são palavras difíceis. Apenas podem ser novas para vocês. Estudando o espiritismo, vocês vão ver sim termos diferentes, mas quando entenderem o significado, ficará mais fácil entender e memorizar.

Jorginho levanta a mão e pergunta:

– Então, de onde vem a palavra 'médium'?

– Médium significa meio, aquele que intermedia dois lados. O que serve de instrumento de comunicação entre os homens e espíritos. O médium é o 'telefone' que faz a ponte entre duas pessoas para que possam conversar – explica a professora.

– Entendi, então por que não pode chamar 'meio' e sim 'médium'? Meio seria mais fácil... – analisa Jorginho.

Laurinha, que prestava atenção na explicação, então se manifesta:

– Porque é mais legal falar *inicium, medium* e *finalium.*

– Laurinha, só você mesmo, para tanta criatividade! – diz a professora, enquanto aguardava acalmar o burburinho.

Todos nós somos médiuns. Mas, normalmente, são chamados médiuns aqueles em conseguem receber e transmitir as comunicações dos espíritos.

Evangelho no Lar

Depois da aula no centro, Laurinha chega em casa toda feliz.

Seus pais perguntam como foi a aula, e Laurinha, então, inicia:

– A aula foi muito boa. Aprendi uma coisa bem legal: O que é o Evangelho no Lar.

– Ah, que legal. E você pode explicar para nós? – pergunta sua mãe, atenta à explicação.

– É o que nós fazemos aqui em casa, toda quarta-feira à noite. Mas entendi muito melhor como funciona direitinho.

– Muito bem! – incentiva o pai.

– Evangelho no Lar é quando a gente escolhe um dia da semana e uma hora para reunir a família e ler uma parte de um livro que fala coisas muito boas, umas histórias legais. Depois, a gente lê um pouco do Evangelho e conversa sobre aquele assunto com as pessoas que estão ali com a gente.

– Isso mesmo, filha. Você aprendeu para que serve o Evangelho no Lar?

– Serve para trazer boas energias para nossa casa. Nós rezamos para o nosso anjo da guarda, agradecemos pela semana, atraímos bons espíritos e, no final, temos que fazer 'vibrações' para todos nós e pelos que precisam. Isso tudo é que traz boas energias.

– Aprendeu direitinho, filha – diz orgulhoso o pai. – Mas você entendeu o que são as vibrações?

– Huuuum, vibrar é vibrar, pai. Como a gente vibra quando o nosso time ganha! E a gente grita goooollllll!!!

– Nesse caso, não – comentou o pai, achando graça da explicação da filha.

– Mas eu lembrei que a mamãe fala: "vamos vibrar pela nossa casa, pelos nossos familiares..."

– Sim, você pode vibrar de alegria, torcendo durante um jogo. Mas no caso do Evangelho no Lar, vibrar é pensar com muito amor, enviando esse sentimento para quem precisa. O pensamento faz essa nova boa energia chegar até eles.

– Ah, entendi! Agora já sei. Mas eu também aprendi que podemos fazer Evangelho no Lar desde que é bem pequeno?

É a emissão de energias através da força do pensamento, direcionadas a algum objetivo específico.

E a mãe da Laurinha explica:

– Sim, filha. Nós fazemos o Evangelho no Lar desde que você estava na minha barriga. Você foi recebendo as energias, bons fluidos, como dizemos, desde quando era do tamanho de uma sementinha. Isso ajuda e muito os espíritos que estão se preparando para uma nova reencarnação.

– Eu sabia! – grita Laurinha. A vovó sempre disse que eu era uma criança iluminada e que sabia das coisas.

– Laurinha, iluminada, mas não da forma com que falamos da energia elétrica. Ela quis dizer que...

E Laurinha interrompe seu pai e diz.

– Tudo bem, pai. Não vou falar pra ninguém que sei de muuuuita coisa desde a barriga da mamãe, eu digo que aprendi agora – diz Laurinha piscando, antes de sair para brincar.

VENDA DE PASSE

Laurinha está assistindo à televisão, prestando bastante atenção. Depois de algum tempo, ela se levanta e vai falar com sua mãe.

– Ouvi a dona Neide dizer que teremos que fazer outro bazar para conseguir mais dinheiro para o centro, verdade?

– Isso mesmo, filha.

– Por que o centro precisa de dinheiro?

– Precisamos pagar as contas de água, luz, telefone, materiais de limpeza e tudo o que usamos para trabalhar e ajudar as pessoas que vão lá.

– Para isso que precisamos de dinheiro?

– Sim, para tudo isso.

Laurinha dá um sorriso e responde:

– Eu tive uma ideia! Podemos vender passes!

– Como assim, vender passes?

– Para conseguir dinheiro!

– Laurinha, não podemos vender passes.

– Mãe, tem muita gente que vende passe.

– Onde você viu isso?

– Na televisão! Um jogador vendeu o passe por dez milhões de reais. Isso ajudaria bastante o centro espírita, mãe!

– Laurinha, não é desse o tipo de passe que estamos falando. Passe de jogador é quanto ele vale para o time e...

Laurinha interrompe a mãe e, pensando em voz alta, diz:

– Entendi. Mas eu não tenho culpa, se não inventam palavras diferentes para falar coisas diferentes? Mãe, mas bem que ajudaria a gente vender o passe do filho da dona Mafalda. Ele é maior craque na bola!!!

Passe é a transmissão de energia através do médium para outra pessoa. É um recurso empregado na espírita para prestar socorro aos que precisam.

TEM ESPÍRITOS NO ESCURO?

Clara e Laurinha conversam:

– Eu posso até dormir na sua casa, mas preciso que você deixe uma luz acesa à noite – diz Clara.

– Está bem, podemos deixar a luz do abajur acesa. Mas, você tem medo de escuro?

– Tenho medo é de espíritos.

– E tem espíritos no escuro?

– Claro que tem. Você já percebeu que todo filme de terror é no escuro?

– É verdade, mas não sabia que era por causa disso.

– É sim, no escuro tem espíritos.

– E no claro?

– Acho que no claro não tem. Pelo menos não dá tanto medo...

Na aula de evangelização, Laurinha pergunta:

– Professora, você sabe por que as pessoas têm medo de escuro?

– Hum! Você tem uma pista? – incentivou a professora.

– Porque tem espíritos no escuro.

– Quem disse isso?

– A Clara. E ela só dorme de luz acesa, por isso.

– Mas os espíritos convivem com a gente o tempo todo, não é verdade?

– Siiiiiiiiimmmm – respondem os alunos.

– Mas tenho medo, porque à noite aparecem espíritos que querem nos assustar, igual no filme de terror.

– Clara, nem sempre os espíritos que estão ao nosso redor são maus. Os filmes de terror gostam de mostrar suspense, de surpreender com sustos quem os assiste. Por isso, não são indicados para crianças. Tem muitos outros filmes legais próprios para vocês assistirem – explica a professora.

– Viu, Pedro? – desafiou Laurinha.

– Lembrem-se de que espíritos são pessoas como nós. Apenas já estão sem o corpo físico. Não há o que temer. Outra coisa: É pelas nossas ações, pelos nossos sentimentos e pensamentos que podemos ou não sintonizar com eles. Quanto mais sintonizados às coisas boas, mais ligados aos espíritos bons nós estaremos. Podemos também pedir através de uma prece, toda noite, para que os bons espíritos nos protejam.

Laurinha com sua cara de esperta diz:

– É por isso que minha mãe sempre faz a prece comigo antes de dormir, para nos proteger e para iluminar minha casa à noite. Por isso não tenho medo de escuro!

– Muito bem – disse a professora. A melhor iluminação para nossa casa é sempre a oração. É luz espiritual, que traz aos ambientes o amor, que acaba com qualquer medo e que acende em nós os bons sentimentos, a confiança e a fé.

Laurinha veio logo sugerindo:

– Ah, entendi. E, se a gente quiser bem clarinho, tem que rezar bem forte.

– Como assim, Laurinha?

– Tem que aprender a rezar direito. Assim, nem vai precisar de abajur, lanterna, luzinha de celular... Isso é coisa do passado.

Os espíritos estão por toda parte e as relações dos espíritos com os homens são constantes.

Tem espíritos no escuro? 95

Mensagem da Autora

Depois de se divertir e aprender com Laurinha, chegou a hora de começar a praticar um pouquinho de coisas boas em nosso dia a dia. Você sabia que quando ajudamos alguém também estamos ajudando a nós mesmos? Isso mesmo! Quando ajudamos uma pessoa (pode ser alguém que você conhece ou que não conhece), nós entramos em sintonia com o bem, nos sentimos mais dispostos e também mais felizes.

Uma forma de fazer com que essa energia seja sempre boa para nós e para todos os que nos cerca, principalmente em nossa família, é fazendo o Evangelho no Lar, como a Laurinha explicou em uma de suas histórias.

É muito fácil fazer:

1. Escolha um dia da semana que todas as pessoas que morem em sua casa possam estar presentes e que tenham alguns minutos disponíveis para se reunir.
2. Reúnam-se num lugar tranquilo da casa, sem rádio ou televisão ligados.
3. Peça para uma das pessoas fazer uma prece.
4. Leia um ou dois parágrafos do livro *O evangelho segundo o espiritismo* (o ideal é que inicie a leitura desde as primeiras páginas do livro até que o livro seja lido por completo).
5. Façam comentários sobre o que acabaram de ler, reflitam sobre a mensagem e aquele que tiver mais conhecimento pode explicar aos demais. Assim, podemos aplicar o que aprendemos em nosso dia a dia.
6. Faça vibrações para os que precisam. Eleve o seu pensamento e peça, de coração, o melhor a eles. Você pode vibrar por toda a humanidade, pelos governantes, pelas crianças, jovens, adultos, idosos, pelos seus amigos, familiares e por você mesmo.
7. Faça uma prece de encerramento, agradecendo por esses ensinamentos e pelos bons fluidos que todos certamente receberam.

Tudo isso pode ajudar você e sua família a ter uma vida melhor, com muito mais equilíbrio e alegria.

Com todos esses ensinamentos, espero que você possa compreender que quanto mais ligado às coisas boas, mais seguro e sereno se sentirá. Verá a vida com mais otimismo, entendendo que nunca estamos sós.

TATIANA E LAURINHA

"Enquanto eu puder plantar a semente do bem no coração das pessoas, seguirei escrevendo. Pois, quando eu não puder mais fazê-lo, poderei ocupar meu tempo colhendo os frutos do que foi semeado outrora."

Contatos com a autora

Tatiana Benites
tatiana@correiofraterno.com.br

Facebook (perfil): facebook.com/tatibenites
Facebook (*fan page*): facebook.com/tatibenites2
Twitter: twitter.com/tatibenites
Instagram: @tatibenites
Site: tatianabenites.com.br

Blog da Laurinha: blogdalaurinha.com.br
Facebook da Laurinha: facebook.com/FaceDaLaurinha

Esta edição foi impressa nas gráficas da Assahi Gráfica e Editora, de São Bernardo do Campo, SP, sendo tiradas três mil cópias, todas em formato fechado 140x210mm e com mancha de 80x153mm. Os papéis utilizados foram o ofsete Chambril Book N (International Paper) 90g/m² para o miolo e o cartão Supremo Alta Alvura (Suzano) 300g/m² para a capa. O texto principal foi composto em Goudy Old Style 12/14,9, o glossário lateral em Myriad Pro 9/11,5 e os títulos em Helvetica Neue 27/41. Eliana Haddad e Izabel Vitusso realizam a preparação do texto. Bruno Tonel desenvolveu o projeto gráfico do miolo. A capa e as ilustrações são de Hamilton Dertonio.

Março de 2017